Bitte einsteigen!

Wörter · Sätze · Situationen

Susan Kaufmann
Lutz Rohrmann
Annalisa Scarpa-Diewald

Klett-Langenscheidt

München

Bitte einsteigen! bietet Ihnen Material, mit dem Ihre Lernenden leicht in die deutsche Sprache einsteigen können und Situationen in ihrem Alltag bewältigen können.

So können Sie mit *Bitte einsteigen!* arbeiten:

Meine Wörter und Sätze

Die Lernenden sehen Wort und Bild und sprechen jedes Wort nach – am besten mehrmals. Verwenden Sie dazu unsere App, laden Sie die Audio-Aufnahmen herunter oder sprechen Sie die Wörter selbst vor. Machen Sie Pausen nach Bedarf. Kleine Dialoge, wie sie im Alltag der Unterkunft oft vorkommen, werden ebenfalls gehört und nachgesprochen; ein Bild hilft dabei, den Dialog zu verstehen.

Verbindung Wort-Bild und Satz-Bild – Wörter und Sätze sind illustriert, so dass Ihre Lernenden sie leichter und ohne Übersetzung verstehen können.

Hören – Die Lernenden hören dieselben Wörter und Sätze etliche Male und prägen sich die Aussprache ein.

Nachsprechen – Die Lernenden sprechen die Wörter und Sätze mehrmals nach. So werden sie nachhaltig gespeichert.

Übungen

Die Lernenden gewinnen die nötige Sicherheit, indem sie die zuvor gelernten Inhalte wiederholen: Sie sprechen Sätze in Schritten nach, üben den Rhythmus ein und machen kleine Schreibübungen.

Rhythmusübungen – Korrekte Aussprache und Betonung werden so gefestigt.

Flüssigkeitsübungen – Übungen, in denen aus zwei oder drei Teilen ein Satz geformt wird, unterstützen das flüssige Sprechen.

Schreiben – Wortschatz, der auch im Alltag geschrieben wird (z. B. Personalien), wird aufgeschrieben. Das ist gerade für Zweitschriftlernende wichtig.

Einfache Übungsformate – Mithilfe einfacher Zuordnungsübungen oder kleiner Schreibübungen trainieren die Lernenden den Aufbau von Sätzen.

Situationen

Dieser Abschnitt ermutigt die Lernenden, das Gelernte selbstständig in kleinen Standarddialogen anzuwenden: Wie kann ich in der Unterkunft um ein Handtuch bitten? Wie kaufe ich Lebensmittel? Was sage ich zum Arzt, wenn ich krank bin? Für diese und ähnliche Alltagssituationen fühlen sich die Lernenden damit sprachlich gut vorbereitet.

Situationen im Unterricht und im Alltag – Die Lernenden verwenden Wörter und Sätze in einem Minikontext. Sie lernen, sich verständlich zu machen oder um Hilfe zu bitten.

Egal, wie häufig Menschen in den Kurs einsteigen und wie häufig sie dabei sind: Am Ende jeder Einheit haben sie ein Erfolgserlebnis. Sie haben Situationen kennengelernt und dabei kleine Dialoge erworben, die ihnen in ihren persönlichen Lebenssituationen helfen.

Wir wünschen Ihnen viel Freude und Erfolg beim Unterrichten und Ihren Lernenden einen guten und motivierenden Einstieg in die deutsche Sprache!

- Diese Aufgabe ist für die Bearbeitung als Partneraufgabe geeignet.
- Hier gibt es einen Hörtext. Alle Hördateien sind über die Klett-Augmented-App zugänglich. Die Klett-Augmented-App ist kostenlos im App Store (iOS) und im Google Play Store (Android) erhältlich. Alle Informationen unter www.klett-sprachen.de/augmented
Sie können die Aufnahmen auch über folgenden Link downloaden:
www.klett-sprachen.de/bitte-einsteigen/audio. Geben Sie dafür den folgenden Code an: b31nst!

Inhaltsverzeichnis

1 Willkommen! **4**
Welcome! Bienvenue ! أهلا وسهلا!

2 Länder und Sprachen **8**
Countries and languages Pays, langues بلاد ولغات

3 Telefonnummer und Uhrzeit **12**
Phone number and time of day Numéro de téléphone, heure رقم التليفون والوقت

4 Unterwegs **16**
Out and about En ville فى الطريق

5 Essen und trinken **20**
Eating and drinking Manger, boire الأكل والشرب

Situationen in meinem Alltag **24**
Situations in my everyday life Situations dans ma vie quotidienne مواقف فى حياتى اليومية

6 Körper und Krankheit **26**
Body and illness Corps, maladie الجسم والمرض

7 Befinden und Familie **30**
State of health and family Santé, famille الحالة الصحية والأسرة

8 Jahr, Wetter und Kleidung **34**
The year, the weather and clothes Année, temps, vêtements السنة والطقس والملابس

9 Wohnen und Hygiene **38**
Living and hygiene Logement, hygiène السكن والرعاية الصحية

10 Wir leben zusammen. **42**
We live together. Nous habitons ensemble. نحن نعيش سويا.

drei 3

1 Willkommen!

1 Wie heißen Sie?

Meine Wörter und Sätze

a Sehen Sie die Bilder an. ▶ Hören Sie. Lesen Sie. ▶ Sprechen Sie nach.

Übungen

b Hören Sie. Sprechen Sie nach.

… Sie?	… heißen Sie?	Wie heißen Sie?
… Peter Berg.	… heiße Peter Berg.	Ich heiße Peter Berg.
… du?	… heißt du?	Wie heißt du?
… Rachel.	… heiße Rachel.	Ich heiße Rachel.

Situationen

c Sprechen Sie.

ich	heiße
du	heißt
Sie	heißen

4 vier

Willkommen! 1

2 Das Alphabet

Meine Wörter und Sätze

a Hören Sie. ▶ Sprechen Sie nach.

A B C D E F G H I J K L M N O
P Q R S T U V W X Y Z Ä Ö Ü
a b c d e f g h i j k l m n o
p q r s t u v w x y z ä ö ü ß

b Hören Sie. ▶ Sprechen Sie nach.

a be ce de e ef ge ha i jot ka el em en o pe
qu er es te u vau we ix ypsilon zet ä ö ü eszet

Übungen

c Schreiben Sie.

A _____

_____

a _____

_____

d Wie heißen Sie? Schreiben Sie Ihren Namen. ▶ Buchstabieren Sie Ihren Namen.

Familienname: _____   Vorname: _____

Situationen

e Hören Sie. Lesen Sie. ▶ Sprechen Sie nach.

● Hallo. Ich heiße Mustafa Skeif.
○ Wie schreibt man das?
● Mustafa: em u es te a ef a
   Skeif: es ka e i ef.

f Sprechen Sie wie im Beispiel.

⟨ Hallo. Ich heiße … ⟩

⟨ Wie schreibt man das? ⟩

⟨ … ⟩

fünf 5

1 Willkommen!

3 Hallo und Tschüs

Meine Wörter und Sätze

a Sehen Sie die Bilder an. ▶ Hören Sie. Lesen Sie. ▶ Sprechen Sie nach.

Übungen

b Hören Sie. Sprechen Sie nach.

... Morgen.	Guten Morgen.
... Tag.	Guten Tag.
... Wiedersehen.	Auf Wiedersehen.

Situationen

c Sprechen Sie.

Guten Morgen.   Guten Tag.   Guten Abend.   Tschüs.

Willkommen! 1

4 Wie heißt das auf Deutsch?

Meine Wörter und Sätze

a Sehen Sie die Bilder an. ▶ Hören Sie. Lesen Sie. ▶ Sprechen Sie nach.

der Bleistift   der Kuli   der Marker   der Radiergummi

das Heft   das Buch   das Blatt   das Handy

Übungen

b Hören Sie. ▶ Sprechen Sie nach. Klatschen Sie.

der **Blei**stift   der **Ku**li   der **Mar**ker   der Ra**dier**gummi

das **Heft**   das **Buch**   das **Blatt**   das **Han**dy

c Hören Sie. Schreiben Sie.

der Kuli

d Hören Sie. ▶ Sprechen Sie nach.

Wie heißt das auf Deutsch?   Buch, das Buch.

Situationen

e Hören Sie. Lesen Sie. ▶ Sprechen Sie nach.

- Wie heißt das auf Deutsch?
- Radiergummi, der Radiergummi.
- Bitte noch einmal.
- Radiergummi, der Radiergummi.
- Bitte langsam.
- R a d i e r g u m m i , d e r R a d i e r g u m m i .
- Danke!

f Sprechen Sie.

Wie heißt das auf Deutsch?   …

sieben 7

2 Länder und Sprachen

1 Woher kommen Sie?

Meine Wörter und Sätze

a **Zeigen Sie Ihr Land auf der Karte.**

Deutschland   Schweiz   Österreich

 b **Hören Sie. Lesen Sie.** ▶ **Sprechen Sie nach.**

du
- Woher kommst du?
- Ich komme aus Eritrea. Und du?
- Ich komme aus Deutschland. Aus Frankfurt.

Sie
- Woher kommen Sie?
- Ich komme aus Syrien.
- Aus Damaskus?
- Nein, aus Aleppo.

Länder und Sprachen 2

Übungen

c Ihr Land: Sprechen Sie. Klatschen Sie.

Syrien   Eri**tre**a   **Deutsch**land

d Hören Sie. Sprechen Sie nach.

… Sie?	… kommen Sie?	Woher kommen Sie?
… du?	… kommst du?	Woher kommst du?
… Deutschland.	… aus Deutschland.	Ich komme aus Deutschland.

e Woher kommen Sie? Schreiben Sie.

Syrien _____

f Ergänzen Sie.

komme   kommen   komme   komme
~~kommst~~   komme   komme

1. Woher **kommst** du?
   Ich _____ aus Eritrea. Und du?
   Ich _____ aus dem Iran.

2. Woher _____ Sie?
   Ich _____ aus Äthiopien. Und Sie?
   Ich _____ aus Syrien.

ich
du
Sie

Situationen

g Sprechen Sie.

du
Hafsa, woher kommst du?
Ich komme aus Somalia. Bashir, woher kommst du?

Sie
Herr Said, woher kommen Sie?
Ich komme aus …

ich komm**e**
du komm**st**
Sie komm**en**

neun 9

2 Länder und Sprachen

2 Sprechen Sie Deutsch?

Meine Wörter und Sätze

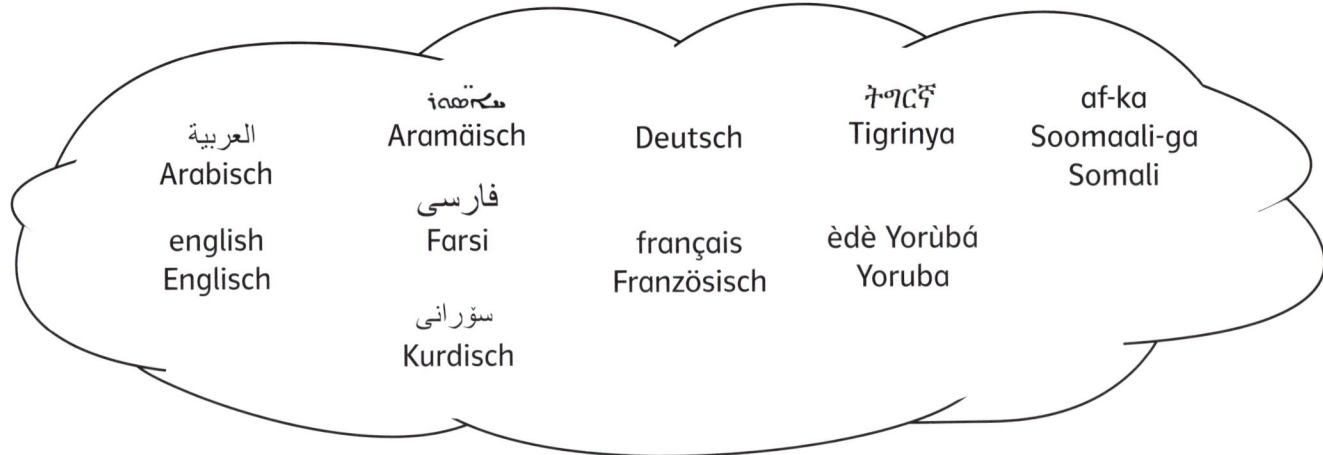

العربية
Arabisch

ܡܟܬܒܘܢܝܐ
Aramäisch

Deutsch

ትግርኛ
Tigrinya

af-ka
Soomaali-ga
Somali

english
Englisch

فارسی
Farsi

français
Französisch

èdè Yorùbá
Yoruba

سۆرانی
Kurdisch

 a Hören Sie. Lesen Sie. ▶ Sprechen Sie nach.

du
- Sprichst du Deutsch?
- Ja, ein bisschen.
- Woher kommst du?
- Aus Afghanistan.
  Meine Muttersprache ist Farsi.

Sie
- Sprechen Sie Arabisch?
- Ja, ich spreche Arabisch und Französisch.
  Meine Muttersprache ist Arabisch.
- Woher kommen Sie?
- Aus Syrien.

Übungen

 b Hören Sie. Sprechen Sie nach.

... Deutsch?   Sprichst du Deutsch?
... Deutsch?   Sprechen Sie Deutsch?
... Deutsch.   Ich spreche Deutsch.

| ich spreche |
| du sprichst |
| Sie sprechen |

c Schreiben Sie.

Ich spreche ...

_____
_____

Situationen

d Sprechen Sie.

du

Sprichst du Englisch?   Nein, ich spreche Kurdisch.

Sie

Sprechen Sie ...?

Ja. Ich spreche ...

10 zehn

Länder und Sprachen 2

3 Verstehen Sie?

Meine Wörter und Sätze

a Hören Sie. Lesen Sie. ▶ Sprechen Sie nach.

Ich verstehe nicht. Sprechen Sie bitte Englisch.

Ich verstehe nicht. Sprechen Sie bitte laut.

Ich verstehe nicht. Sprechen Sie bitte langsam.

Übungen

b Hören Sie. Sprechen Sie nach.

… nicht.   Ich verstehe nicht.
… bitte langsam.   Sprechen Sie bitte langsam.
… bitte Englisch. Sprechen Sie bitte Englisch.

c Ordnen Sie zu.

1. Ich heiße — c Frank Meister.
2. Ich komme aus — a Englisch.
3. Meine Muttersprache ist — b Deutschland.
4. Ich spreche auch — d Deutsch.

Meister — Familienname
Frank — Vorname
Deutschland — Herkunftsland
Deutsch — Muttersprache
Englisch — andere Sprachen

Situationen

d Füllen Sie das Formular aus. ▶ Sprechen Sie.

_____   _____
Familienname   Vorname

_____
Herkunftsland

_____
Muttersprache

_____
andere Sprachen

Ich heiße …
Ich komme aus …
Meine Muttersprache ist …
Ich spreche auch …

elf 11

3 Telefonnummer und Uhrzeit

1 Die Zahlen 1–10

Meine Wörter und Sätze

🎧 23 a Hören Sie. Lesen Sie. ▶ Sprechen Sie nach.

0	1	2	3	4	5	6	7	8	9	10
null	eins	zwei	drei	vier	fünf	sechs	sieben	acht	neun	zehn

🎧 24–25 b Hören Sie. Lesen Sie. ▶ Sprechen Sie nach.

du
- Wie ist deine Telefonnummer?
- 0177 12457803.
- Bitte noch einmal.
- 0177 12457803.
- Danke.

Sie
- Wie ist Ihre Telefonnummer?
- 01742 67890125.
- 01742 6 … Bitte noch einmal.
- 01742 67890125.
- 01742 67890125?
- Ja, richtig.
- Danke.

Übungen

c Sprechen Sie.

    null   eins   …

d Ihre Telefonnummer. Schreiben Sie. ▶ Sprechen Sie.

    01577 98863457   0 1 5 7 7 9 8 8 6 3 4 5 7

_____

Situationen

e Fragen Sie. Antworten Sie.

du
Wie ist deine Telefonnummer?    01345 …

Sie
Wie ist Ihre Telefonnummer?   …

12 zwölf

Telefonnummer und Uhrzeit 3

2 Die Zahlen 11–100 – Uhrzeiten

Meine Wörter und Sätze

a Hören Sie. Lesen Sie. ▶ Sprechen Sie nach.

11 elf	12 zwölf	13 dreizehn	14 vierzehn	15 fünfzehn
16 sechzehn	17 siebzehn	18 achtzehn	19 neunzehn	20 zwanzig
21 einundzwanzig	22 zweiundzwanzig	23 dreiundzwanzig	24 vierundzwanzig	25 fünfundzwanzig
26 sechsundzwanzig	27 siebenundzwanzig	28 achtundzwanzig	29 neunundzwanzig	30 dreißig
40 vierzig	50 fünfzig	60 sechzig	70 siebzig	80 achtzig	90 neunzig	100 hundert

b Hören Sie. Lesen Sie. ▶ Sprechen Sie nach.

Wie spät ist es?

Es ist 8 Uhr.
Es ist 8 Uhr 55.
Es ist 8 Uhr 50.
Es ist 8 Uhr 45.
Es ist 8 Uhr 40.
Es ist 8 Uhr 30.
Es ist 8 Uhr 5.
Es ist 8 Uhr 10.
Es ist 8 Uhr 15.
Es ist 8 Uhr 20.

Übungen

c Sprechen Sie. Klatschen Sie.

dreizehn **vier**zehn **fünf**zehn **sech**zehn
siebzehn **acht**zehn **neun**zehn **zwan**zig

d Hören Sie. Sprechen Sie nach.

Es ist 10 Uhr.   Es ist 10 Uhr 5.   …

Situationen

e Fragen Sie. Antworten Sie.

Wie spät ist es?

Es ist 11 Uhr.

3 Telefonnummer und Uhrzeit

3 Ein Tag

Meine Wörter und Sätze

a Hören Sie. Lesen Sie. ▶ Sprechen Sie nach.

der Morgen   der Vormittag   der Mittag   der Nachmittag   der Abend   die Nacht

b Hören Sie. Lesen Sie. ▶ Sprechen Sie.

● Was machst du heute morgen?
○ Ich dusche.

● Was machst du heute Abend?
○ Ich sehe fern.

Ich frühstücke.    Ich checke E-Mails.    Ich habe Deutschunterricht.

Ich esse.    Ich höre Musik.    Ich gehe spazieren.

Ich telefoniere.    Ich koche.    Ich bete.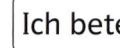

Ich trinke Tee.    Ich schlafe.

Übungen

c Hören Sie. Sprechen Sie nach.

… Morgen?	… heute Morgen?	Was machst du heute Morgen?
… Unterricht.	… habe Unterricht.	Ich habe Unterricht.
… Nachmittag?	… heute Nachmittag?	Was machst du heute Nachmittag?
… spazieren.	… gehe spazieren.	Ich gehe spazieren.

Situationen

d Was machen Sie? Schreiben Sie.

Ich _____

e Fragen Sie. Antworten Sie.

Was machst du heute Morgen? | Ich habe Deutschunterricht. | Was machst du heute …? | Ich … Wie heißt das auf Deutsch: *play football*?

3 Telefonnummer und Uhrzeit

4 Termine

Meine Wörter und Sätze

a Hören Sie. Lesen Sie. ▶ Sprechen Sie nach.

Heute ist Mittwoch.

Montag	Dienstag	Mittwoch	Donnerstag	Freitag	Samstag	Sonntag
	gestern	heute	morgen			

b Hören Sie. Lesen Sie. ▶ Sprechen Sie nach.

Arzt — Montag, 9 Uhr

Beraterin — Montag und Freitag 10 Uhr

Essen — 12 Uhr

● Wann kommt der Arzt?
○ Am Montag um neun Uhr.

● Wann ist die Beraterin da?
○ Am Montag und Freitag um 10 Uhr.

● Wann gibt es Essen?
○ Um 12 Uhr.

c Lesen Sie.

um +  Uhr

Der Arzt kommt um 9 Uhr.

am +

Der Arzt kommt am Montag.

Übungen

d Hören Sie. Sprechen Sie nach.

… der Arzt?
… Unterricht?
… 10 Uhr.

… kommt der Arzt?
… ist Unterricht?
… um 10 Uhr.

Wann kommt der Arzt?
Wann ist Unterricht?
Heute um 10 Uhr.

Situationen

e Und bei Ihnen? Schreiben Sie.

Deutschunterricht		Arzt		Essen
Freitag	*15 Uhr*	___	___	___
Tag	Uhrzeit	Tag	Uhrzeit	Uhrzeit

f Sprechen Sie.

Wann kommt der Arzt?

Am Montag um 8 Uhr.

Wann ist die Beraterin da?

…

fünfzehn 15

4 Unterwegs

1 In der Stadt

Meine Wörter und Sätze

🎧 37 **a** Sehen Sie das Bild an. ▶ Hören Sie. Lesen Sie. ▶ Zeigen Sie. Sprechen Sie nach.

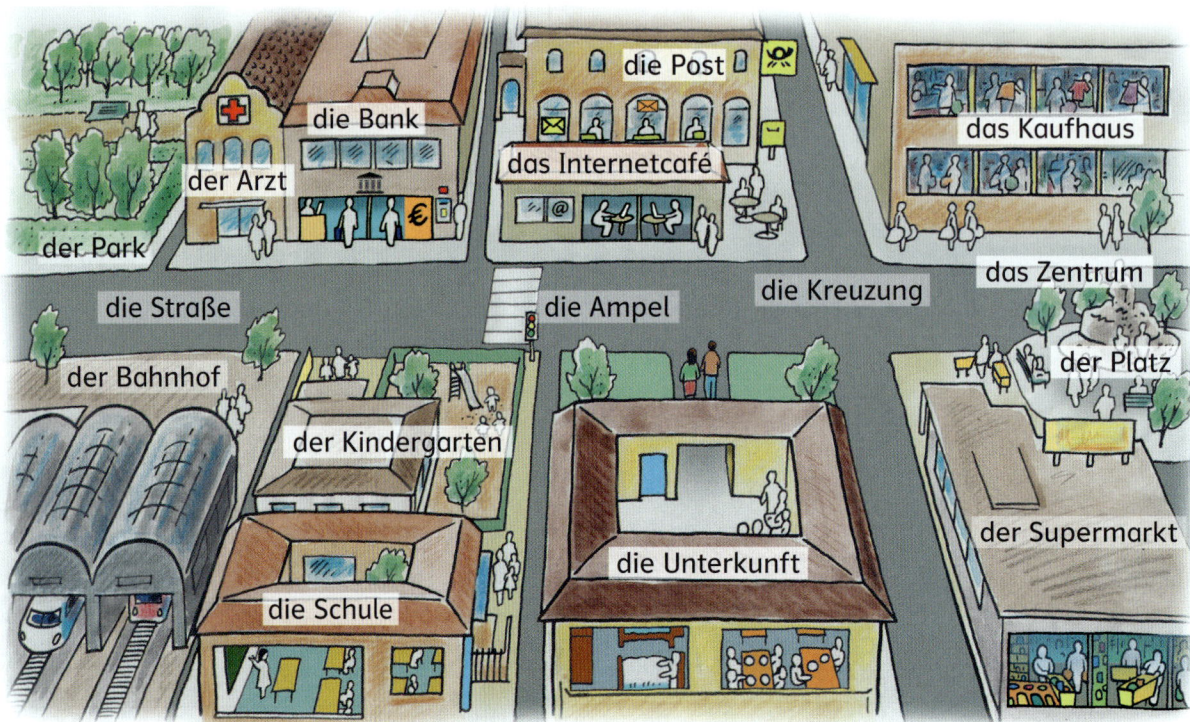

🎧 38 **b** Sehen Sie die Bilder an. ▶ Hören Sie. Lesen Sie. ▶ Sprechen Sie nach.

Entschuldigung, wo ist die Post?

 Gehen Sie geradeaus.

 Gehen Sie links.

 Gehen Sie rechts.

 Gehen Sie an der Kreuzung links.

 Gehen Sie an der Ampel links.

Übungen

🎧 39 **c** Hören Sie. Sprechen Sie nach.

... rechts.   Gehen Sie rechts.
... geradeaus.   Gehen Sie geradeaus.
... an der Kreuzung links.   Gehen Sie an der Kreuzung links.

Situationen

d Sprechen Sie. Zeigen Sie auf dem Stadtplan.

Entschuldigung, wo ist der Bahnhof?   Gehen Sie links.   Entschuldigung, wo ist …?

e Wo wohnen Sie? Schreiben Sie.

Straße _____   Stadt _____

16 sechzehn

Unterwegs **4**

2 Die Verkehrsmittel

Meine Wörter und Sätze

a Sehen Sie die Bilder an. ▶ Hören Sie. Lesen Sie. ▶ Sprechen Sie nach.

Nehmen Sie …

das Auto   den Bus   ein Taxi   das Fahrrad

die S-Bahn   die Straßenbahn   den Zug   die U-Bahn

b Hören Sie. Lesen Sie. ▶ Sprechen Sie nach.

Entschuldigung, wie komme ich zum Kaufhaus?

Nehmen Sie die U-Bahn.
Nehmen Sie die Straßenbahn.
Nehmen Sie den Bus Nummer 2.

Gehen Sie zu Fuß.

Übungen

c Hören Sie. Sprechen Sie nach.

… zum Zentrum?   Wie komme ich zum Zentrum?
… zur Schule?   Wie komme ich zur Schule?
… den Bus.   Nehmen Sie den Bus.
… zu Fuß.   Gehen Sie zu Fuß.

der	→ zum
das	→ zum
die	→ zur

Situationen

d Sprechen Sie.

zum Zentrum?   zum Supermarkt?   zum Bahnhof?   zur Schule?

Entschuldigung, wie komme ich zum Zentrum?   Nehmen Sie den Bus.

Entschuldigung, wie komme ich …   …

4 Unterwegs

3 Mit dem Bus fahren

Meine Wörter und Sätze

a Sehen Sie die Bilder an. ▶ Hören Sie. Lesen Sie. ▶ Sprechen Sie nach.

- ● Wie komme ich zum Kaufhaus?
- ○ Nehmen Sie den Bus Nummer 2.

- ● Wo muss ich aussteigen?
- ○ Im Zentrum.

Übungen

b Hören Sie. Sprechen Sie nach.

| … zum Kaufhaus? | … komme ich zum Kaufhaus? | Wie komme ich zum Kaufhaus? |
| … aussteigen? | … muss ich aussteigen? | Wo muss ich aussteigen? |

Situationen

c Hören Sie. Lesen Sie. ▶ Sprechen Sie nach.

Das sage ich.
- ● Entschuldigung, können Sie mir helfen?
- ● Wie komme ich zum Bahnhof?
- ● Wo muss ich aussteigen?

Das sagt die andere Person.
- ○ Ja, gerne.
- ○ Nehmen Sie die Straßenbahn, Linie 1.
- ○ Am Hauptbahnhof.

d Sprechen Sie.

Entschuldigung, können Sie mir helfen?   Ja, gerne.   …

e Wie heißt Ihre Haltestelle? Schreiben Sie.

_____
_____

Unterwegs 4

4 Mit dem Zug fahren

Meine Wörter und Sätze

a Sehen Sie die Bilder an. ▶ Hören Sie. Lesen Sie. ▶ Sprechen Sie nach.

Eine Fahrkarte nach Köln, bitte.
Einfach?

Oder hin und zurück?

Wann fährt der Zug?
Um 7 Uhr 45.

Wann bin ich in Köln?
Um 8 Uhr 23.

Wie viel kostet das?
11 Euro, bitte.

Übungen

b Hören Sie. Sprechen Sie nach.

… Köln, bitte.	… nach Köln, bitte.	Eine Fahrkarte nach Köln, bitte.
… hin und zurück?	… oder hin und zurück?	Einfach oder hin und zurück?
… elf.	… acht Uhr elf.	Um acht Uhr elf.
… bitte.	… Euro, bitte.	11 Euro, bitte.

Situationen

c Hören Sie. Lesen Sie. ▶ Sprechen Sie nach.

Das sage ich.
● Guten Tag.
  Eine Fahrkarte nach Köln, bitte.
● Hin und zurück, bitte.
● Wie viel?

Das sagt die Person am Schalter.
○ Guten Tag.
  Einfach oder hin und zurück?
○ O.k. Hin und zurück. 7 Euro 40, bitte.
○ 7 Euro und 40 Cent, bitte.

d Sprechen Sie.

Guten Tag. Eine Fahrkarte nach …   Guten Tag. Einfach oder hin und zurück?   …

e Wie heißt Ihr Bahnhof? Schreiben Sie.

_____

neunzehn 19

5 Essen und Trinken

1 Was isst du gerne? Was trinkst du gerne?

Meine Wörter und Sätze

a Sehen Sie die Bilder an. ▶ Hören Sie. Lesen Sie. ▶ Sprechen Sie nach.

 das Obst

 das Fleisch

 der Käse

 das Gemüse

 die Cola

 das Wasser

 der Saft

 der Tee

 die Schokolade

 der Kuchen

 die Nüsse

Ich esse kein Schweinefleisch.

b Hören Sie. Lesen Sie. ▶ Sprechen Sie nach.

du
- Was trinkst du gerne?
- Ich trinke gerne Wasser.
- Was isst du gerne?
- Ich esse gerne Käse.

Sie
- Was trinken Sie gerne?
- Ich trinke gerne Saft.
- Was essen Sie gerne?
- Ich esse gerne Kuchen.

 Ich esse.

 Ich trinke.

Übungen

c Hören Sie. Sprechen Sie nach.

… gerne?	… trinkst du gerne?	Was trinkst du gerne?
… Tee.	… trinke gerne Tee.	Ich trinke gerne Tee.
… gerne?	… isst du gerne?	Was isst du gerne?
… Schokolade.	… esse gerne Schokolade.	Ich esse gerne Schokolade.

d **Schreiben Sie.**

☺ Das esse und trinke ich gerne.   ☹ Das esse und trinke ich NICHT gerne.

_____   _____

Situationen

e **Fragen Sie. Antworten Sie.**

Was trinkst du gerne?   Ich trinke gerne …   Was isst du gerne?   Was heißt  auf Deutsch?

20 zwanzig

Essen und Trinken 5

2 Obst und Gemüse

Meine Wörter und Sätze

a Sehen Sie die Bilder an. ▶ Hören Sie. Lesen Sie. ▶ Sprechen Sie nach.

| der Apfel | die Banane | die Zitrone | die Tomate | die Zwiebel |
| die Äpfel | die Bananen | die Zitronen | die Tomaten | die Zwiebeln |

| der Knoblauch | die Bohne | die Zucchini | 500 Gramm (g) | eine Packung |
| | die Bohnen | die Zucchinis | ein Kilo (kg) | |

b Hören Sie. Lesen Sie.

- Was möchten Sie?
- Vier Zitronen.
- 500 Gramm Tomaten.
- Ein Kilo Zwiebeln.
- Eine Packung Äpfel.

Übungen

c Hören Sie. Sprechen Sie nach.

… Bananen.　　　… vier Bananen.　　　Ich möchte vier Bananen.
… Tomaten.　　　… 500 Gramm Tomaten.　　Ich möchte 500 Gramm Tomaten.
… Äpfel.　　　　… ein Kilo Äpfel.　　　Ich möchte ein Kilo Äpfel.

Situationen

d Eine Einkaufsliste. Schreiben Sie.

Ich brauche:
– Bohnen

e Fragen Sie. Antworten Sie.

- Was möchten Sie?
- Ich möchte …

5 Essen und Trinken

3 Lebensmittel und Getränke

Meine Wörter und Sätze

a Sehen Sie die Bilder an. ▶ Hören Sie. Lesen Sie. ▶ Sprechen Sie nach.

| der Fisch | die Kartoffel | der Reis | die Nudel | das Ei |
| die Fische | die Kartoffeln | | die Nudeln | die Eier |

| das Brot | das Brötchen | der Kaffee | die Milch | das Bier |
| die Brote | die Brötchen | | | |

der Zucker   das Salz   der Pfeffer   das Gewürz   die Butter

b Hören Sie. Lesen Sie. ▶ Sprechen Sie nach.

- Was kostet die Milch, bitte?
- Die Milch kostet 1 Euro 19.

- Was kosten die Kartoffeln, bitte?
- Die Kartoffeln kosten 1 Euro 89.

Übungen

c Hören Sie. Sprechen Sie nach.

… bitte?	… der Kaffee, bitte?	Was kostet der Kaffee, bitte?
… 3 Euro 59.	… kostet 3 Euro 59.	Der Kaffee kostet 3 Euro 59.
… bitte?	… die Nudeln, bitte?	Was kosten die Nudeln, bitte?
… 99 Cent.	… kosten 99 Cent.	Die Nudeln kosten 99 Cent.

Situationen

d Fragen Sie. Antworten Sie.

Was kosten die Eier, bitte?

1 Euro 89.

Was kostet die Butter, bitte?

95 Cent.

Das ist der Preis. →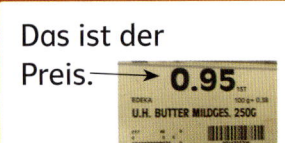

Essen und Trinken 5

4 Küche und Tisch

Meine Wörter und Sätze

a Sehen Sie die Bilder an. ▶ Hören Sie. Lesen Sie. ▶ Sprechen Sie nach.

das Regal · der Teller / die Teller · das Glas / die Gläser · der Schrank · das Messer / die Messer · der Topf / die Töpfe · die Gabel / die Gabeln · die Pfanne / die Pfannen · die Serviette / die Servietten · der Kochlöffel / die Kochlöffel · der Becher / die Becher · die Tasse / die Tassen · der Löffel / die Löffel · die Schüssel / die Schüsseln

b Hören Sie. Lesen Sie. ▶ Sprechen Sie nach.

da hinten

da vorne

- ● Gibst du mir bitte das Glas?
- ○ Hier bitte.
- ● Danke.

- ● Wo ist die Schüssel?
- ○ Im Schrank.
- ● Und wo sind die Löffel?
- ○ Da hinten.

Übungen

c Hören Sie. Sprechen Sie nach.

… das Glas?	Gibst du mir bitte das Glas?
… die Gabel?	Geben Sie mir bitte die Gabel?
… die Schüssel?	Wo ist die Schüssel?
… der Kochlöffel?	Wo ist der Kochlöffel?

du gib**st**
Sie geb**en**

Situationen

d Sprechen Sie.

Gibst du mir bitte …?   Hier bitte.   Danke.   Wo ist die …?   Da vorne.

6 Körper und Krankheit

1 Der Körper

Meine Wörter und Sätze

a Sehen Sie die Bilder an. ▶ Hören Sie. Lesen Sie. ▶ Sprechen Sie nach.

der Kopf
das Haar / die Haare
das Ohr / die Ohren
das Auge / die Augen
der Hals
die Nase
die Schulter / die Schultern
der Zahn / die Zähne
der Rücken
das Bein / die Beine
der Arm / die Arme
der Fuß / die Füße
die Hand / die Hände
der Finger / die Finger
der Bauch

b Hören Sie. Lesen Sie. ▶ Sprechen Sie nach.

du — Was tut dir weh? — Mein Bauch tut weh.

Sie — Was tut Ihnen weh? — Meine Ohren tun weh.

Übungen

c Schreiben Sie.

das Ohr, die Ohren   *der Arm, die Arme*

der	→ mein
das	→ mein
die	→ mein**e**

d Hören Sie. Sprechen Sie nach.

… weh?   … tut Ihnen weh?   Was tut Ihnen weh?
… tut weh.   … Bein tut weh.   Mein Bein tut weh.
… tut weh.   … Hand tut weh.   Meine Hand tut weh.
… tun weh.   … Ohren tun weh.   Meine Ohren tun weh.

Situationen

e Beim Arzt. Sprechen Sie.

Was tut Ihnen weh? — Meine Schulter tut weh.

26 sechsundzwanzig

6 Körper und Krankheit

2 Beim Arzt: Ich habe Schmerzen.

Meine Wörter und Sätze

🎧 68 a Sehen Sie die Bilder an. ▶ Lesen Sie. Hören Sie. ▶ Sprechen Sie nach.

Ich habe Rückenschmerzen.
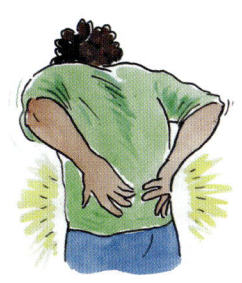

Ich habe Halsschmerzen.
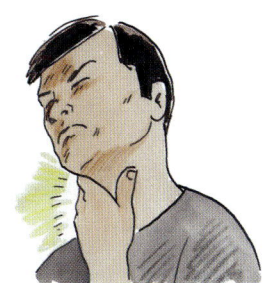

Ich habe Bauchschmerzen.
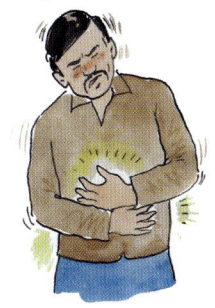

Ich habe Kopfschmerzen.

🎧 69 b Sehen Sie die Bilder an. ▶ Lesen Sie. Hören Sie. ▶ Sprechen Sie nach.

Mein Kind hat Halsschmerzen.

Mein Kind hat Ohrenschmerzen.

Notruf 🚑 112

Übungen

🎧 70 c Hören Sie. Sprechen Sie nach.

… schmerzen.	… Rückenschmerzen.	Ich habe Rückenschmerzen.
… schmerzen.	… Kopfschmerzen.	Ich habe Kopfschmerzen.
… schmerzen.	… Ohrenschmerzen.	Mein Kind hat Ohrenschmerzen.
… schmerzen.	… Bauchschmerzen.	Mein Kind hat Bauchschmerzen.

Situationen

🎧 71 d Hören Sie. Lesen Sie.

Das sagt die Ärztin.
● Was ist das Problem?
● Wie lange haben Sie die Schmerzen?

Das sage ich.
○ Ich habe Kopfschmerzen.
○ Fünf Tage.

👥 e Sprechen Sie.

Was ist das Problem?

Ich habe …

Wie lange …

… Tage.

siebenundzwanzig 27

6 Körper und Krankheit

3 Ich bin krank.

Meine Wörter und Sätze

a Sehen Sie die Bilder an. ▶ Lesen Sie. Hören Sie. ▶ Zeigen Sie. Sprechen Sie nach.

Ich habe Husten. Ich habe Schnupfen. Ich habe eine Erkältung. Ich habe Fieber.

Ich bin müde. Mir ist kalt. Mir ist heiß. Mir ist übel.

Übungen

b Hören Sie. Sprechen Sie nach.

… Schnupfen.   Ich habe Schnupfen.   … müde.   Ich bin müde.
… Erkältung.   Ich habe eine Erkältung. … kalt.   Mir ist kalt.
… Fieber.   Ich habe Fieber.   … übel.   Mir ist übel.

Situationen

c Hören Sie. Lesen Sie. ▶ Sprechen Sie nach.

Das sagt der Arzt.
- Was ist das Problem?
- Haben Sie Fieber?
- Haben Sie Allergien?
- Nehmen Sie Medikamente?
- Haben Sie einen Impfpass?

Das sage ich.
○ Ich habe Husten.
○ Ja.
○ Ja, gegen Nüsse.
○ Ja, Aspirin.
○ Nein.

 Medikamente

 Impfpass

 Nüsse

d Sprechen Sie.
- Was ist das Problem?   ○ Ich habe …
- Haben Sie …   ○ Ja. …

6 Körper und Krankheit

4 In der Apotheke: Ich brauche Medikamente.

Meine Wörter und Sätze

a Sehen Sie die Bilder an. ▶ Hören Sie. Zeigen Sie. ▶ Sprechen Sie nach.

die Tabletten   der Saft   die Tropfen   die Salbe   die Zäpfchen

b Hören Sie. Lesen Sie. ▶ Sprechen Sie nach.

- Mein Kind hat Fieber. Ich brauche Medikamente.
- ○ Möchten Sie Zäpfchen oder Saft?
- Saft, bitte.

- Ich brauche Antibiotika.
- ○ Haben Sie ein Rezept?
- Nein.
- ○ Sie brauchen ein Rezept. Gehen Sie bitte zum Arzt.

 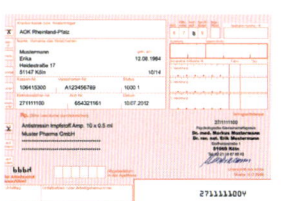

das Rezept

> Für viele Medikamente brauchen Sie ein Rezept vom Arzt.

Übungen

c Hören Sie. Sprechen Sie nach.

… tabletten.	… Schmerztabletten.	Ich brauche Schmerztabletten.
… saft.	… Hustensaft.	Ich brauche Hustensaft.
… Salbe.	… braucht Salbe.	Mein Kind braucht Salbe.
… Zäpfchen.	… braucht Zäpfchen.	Mein Kind braucht Zäpfchen.

Situationen

d Hören Sie. Lesen Sie.

Das sage ich.
- Ich habe Rückenschmerzen. Ich brauche Schmerztabletten.
- Ich habe Husten. Ich brauche einen Hustensaft.
- Meine Augen tun weh. Ich brauche Tropfen.

Das sagt der Apotheker.
- ○ Nehmen Sie eine Tablette morgens und abends.
- ○ Nehmen Sie 3 Löffel morgens, mittags, abends.
- ○ Nehmen Sie 3 Tropfen morgens, mittags, abends.

 morgens

 mittags

 abends

e Sprechen Sie.

Ich habe …
Ich brauche …
Nehmen Sie …

7 Befinden und Familie

1 Wie geht es Ihnen?

Meine Wörter und Sätze

🎧 82 a Hören Sie. Lesen Sie. Zeigen Sie. ▶ Sprechen Sie nach.

Super.   Gut.   Es geht.   Nicht so gut.   Schlecht.

🎧 83–84 b Hören Sie. Lesen Sie. ▶ Sprechen Sie nach.

du
- Wie geht es dir?
- Super. Und dir?
- Nicht so gut.

Sie
- Wie geht es Ihnen?
- Danke, gut. Und Ihnen?
- Danke, es geht.

Übungen

c Ordnen Sie den Dialog. Schreiben Sie.

Wie geht es dir? ☐	Hallo Rachel!
Hallo Rachel! ☐ 1	
Es geht. ☐	
Hallo Mila. ☐	
Gut. Und dir? ☐	

Situationen

d Sprechen Sie.

du — Wie geht es dir? / Es geht. Und dir?

Sie — Wie geht es Ihnen?

e Schreiben Sie.

Hallo Abdi!
Hallo Lena.
Wie geht es dir?
Danke, …

30 dreißig

7 Befinden und Familie

2 Die Familie

Meine Wörter und Sätze

a Sehen Sie die Bilder an. ▶ Hören Sie. Lesen Sie. Zeigen Sie. ▶ Sprechen Sie nach.

Mein Vater und meine Mutter.

Mein Kind.

Ein Junge!

Ein Mädchen!

Meine Frau.

Mein Mann.

b Hören Sie. Lesen Sie. ▶ Sprechen Sie nach.

Sie
- Sind Sie verheiratet ⚭?
- Ja. Und Sie?
- Nein.

- Haben Sie Kinder?
- Ja, zwei Jungen und ein Mädchen. Und Sie?
- Ich habe keine Kinder.

du
- Bist du verheiratet?
- Ja.
- Hast du Kinder?
- Ja, zwei Mädchen.

Übungen

c Hören Sie. Sprechen Sie nach.

… verheiratet?	Sind Sie verheiratet?
… verheiratet.	Ja, ich bin verheiratet.
… Kinder?	Haben Sie Kinder?
… zwei Kinder.	Ja, ich habe zwei Kinder.

sein	haben
ich bin	ich habe
du bist	du hast
Sie sind	Sie haben

Situationen

d Sprechen Sie.

Sie
Sind Sie verheiratet?

Ja, und Sie?

du
Hast du Kinder?

e Füllen Sie das Formular aus.

```
_____    _____
Vorname                            Nachname

Familienstand                      ☐ ledig
                                   ☐ verheiratet

Kinder: _____
```

einunddreißig 31

7 Befinden und Familie

3 Gefühle

Meine Wörter und Sätze

a Sehen Sie die Bilder an. ▶ Hören Sie. Lesen Sie. Zeigen Sie. ▶ Sprechen Sie nach.

glücklich   zufrieden   traurig   wütend

b Hören Sie. Lesen Sie. ▶ Sprechen Sie nach.

du
- ● Wie geht es dir?
- ○ Nicht so gut. Ich bin traurig. Und wie geht es dir?
- ● Schlecht. Ich bin wütend.
- ○ Das tut mir leid.

Sie
- ● Wie geht es Ihnen?
- ○ Super. Ich bin glücklich. Und wie geht es Ihnen?
- ● Gut. Ich bin zufrieden.

Übungen

c Was sagen die Personen? Schreiben Sie.

 Ich bin zufrieden.

Situationen

d Sprechen Sie.

du

Wie geht es dir, Stella?

Gut. Aber mein Kind ist traurig. Und wie geht es dir, Peter?

Sie

Wie geht es Ihnen?

…

7 Befinden und Familie

4 Wie alt sind Sie?

Meine Wörter und Sätze

a Hören Sie. Lesen Sie. ▶ Sprechen Sie nach.

Ich bin 7.   Und ich bin 65.   Ich bin 19 Jahre alt.

b Hören Sie. Lesen Sie. ▶ Sprechen Sie nach.

Wie alt bist du?   Ich bin 24.

Das ist Emin. Er ist 32 Jahre alt.

Übungen

c Hören Sie. Sprechen Sie nach.

… du?	… bist du?	Wie alt bist du?
… Sie?	… sind Sie?	Wie alt sind Sie?
… 24.	… bin 24.	Ich bin 24.

In Deutschland sind Sie mit 18 erwachsen!

Situationen

d Sprechen Sie.

Wie alt bist du?   Ich bin 35. Und du?   Ich bin 29.

e Ihr Partner. Sprechen Sie.

Das ist Rosa. Sie ist 35.   Und das ist Nuri. Er ist 29.

er	sie
Nuri	Rosa
Herr Aziz	Frau Meho

f Eine Kursliste. Schreiben Sie.

Nuri ist 29.
Rosa ist 35.
Hisham ist 48.

dreiunddreißig 33

8 Jahr, Wetter und Kleidung

1 Das Datum

Meine Wörter und Sätze

🎧 96 **a** Die Monate – Sehen Sie die Bilder an. ▶ Hören Sie. Lesen Sie. ▶ Sprechen Sie nach.

der Winter   der Frühling   der Sommer   der Herbst

Dezember, Januar, Februar   März, April, Mai   Juni, Juli, August   September, Oktober, November

🎧 97 **b** Das Datum – Hören Sie. Lesen Sie. ▶ Sprechen Sie nach.

1. am **ersten**
2. am zwei**ten**
3. am **dritten**
4. am vier**ten**
5. am fünf**ten**
6. am sechs**ten**
7. am sieb**ten**
8. am ach**ten**
9. am neun**ten**
10. am zehn**ten**
11. am elf**ten**
12. am zwölf**ten**

Datum	
am …ten	Monat
am fünften	Januar

🎧 98 **c** Hören Sie. Lesen Sie. ▶ Sprechen Sie nach.

> Sie haben einen Termin am fünften Januar.

> Ich habe einen Termin am 13. Februar.

Übungen

🎧 99 **d** Hören Sie. Sprechen Sie nach.

… dreizehn	… dreizehnten	am dreizehnten
… zwanzig	… zwanzigsten	am zwanzigsten
… am 14. Mai.	… einen Termin am 14. Mai.	Ich habe einen Termin am 14. Mai.
… am 22. März.	… einen Termin am 22. März.	Sie haben einen Termin am 22. März.

Situationen

🎧 100 **e** Wann ist der Termin? Hören Sie. Schreiben Sie.

1. Termin: Schule
   _____

2. Termin: Ausländerbüro
   _____

3. Termin: Beratungsstelle
   _____

f Wann haben Sie Geburtstag? Schreiben Sie.

Geburtsdatum: __ __ / __ __ / __ __ __ __

8 Jahr, Wetter und Kleidung

2 Wetter und Kleidung

Meine Wörter und Sätze

a Sehen Sie die Bilder an. ▶ Hören Sie. Lesen Sie. ▶ Sprechen Sie nach.

Es schneit. Es regnet. Es ist sonnig. Es ist kalt. Es ist warm.

b Sehen Sie die Bilder an. ▶ Hören Sie. Lesen Sie. ▶ Sprechen Sie nach.

Was brauchst du?   Ich brauche …

einen Mantel   eine Jacke   einen Anorak   einen Schal   Shorts   ein Kleid

eine Mütze   Handschuhe   Stiefel   eine Hose   einen Pulli   Sandalen

Übungen

c Hören Sie. Sprechen Sie nach.

… kalt.   Es ist kalt.
… einen Anorak.   Ich brauche einen Anorak.
… warm.   Es ist warm.
… Sandalen.   Ich brauche Sandalen.

Situationen

d Was brauchen Sie? Schreiben Sie.

_____
_____

e Sprechen Sie.

Es schneit. Ich brauche einen Anorak.

Es …
Ich brauche …

fünfunddreißig 35

8 Jahr, Wetter und Kleidung

3 Kleidung und Farben

Meine Wörter und Sätze

a Sehen Sie die Bilder an. ▶ Hören Sie. Lesen Sie. ▶ Sprechen Sie nach.

einen Rock　　ein T-Shirt　　ein Hemd　　eine Bluse　　eine Strumpfhose

ein Kopftuch　　Strümpfe　　Schuhe　　Unterwäsche

b Hören Sie. Lesen Sie. ▶ Sprechen Sie nach.

- Was brauchen Sie?
○ Ein T-Shirt.
- Welche Farbe?
○ Weiß.
- Welche Größe?
○ M.

rot　blau　gelb　grün　lila　orange　braun　schwarz　weiß　grau

XS　S　M　L　XL

Übungen

c Welche Kleidergröße haben Sie? Schreiben Sie. ▶ Sprechen Sie.

_____

Ich habe Größe …

d Schreiben Sie die Farben.

blau　____　____　____　____　____　____　____

Situationen

e Was brauchen Sie? Schreiben Sie. ▶ Sprechen Sie.

Das sagt die Verkäuferin.　　Das sage ich.

- Was brauchen Sie?　　○ _____

- Welche Farbe?　　○ _____

- Welche Größe?　　○ _____

Was brauchen Sie? …

Welche Farbe? …

36　sechsunddreißig

8 Jahr, Wetter und Kleidung

4 Kleidung kaufen

Meine Wörter und Sätze

107 a Sehen Sie die Bilder an. ▶ Hören Sie. Lesen Sie. ▶ Sprechen Sie nach.

Die Hose passt.   Der Rock passt.   Der Anorak passt.   Die Stiefel passen.

Die Hose passt nicht. Sie ist zu kurz.   Der Rock passt nicht. Er ist zu lang.   Der Anorak passt nicht. Er ist zu klein.   Die Stiefel passen nicht. Sie sind zu groß.

Übungen

108 b Hören Sie. Sprechen Sie nach.

… passt.	… Rock passt.	Der Rock passt.
… nicht.	… passt nicht.	Der Rock passt nicht.
… lang.	… zu lang.	Er ist zu lang.

> Der Rock pass**t**.
> Die Stiefel pass**en**.

… passen.	… Stiefel passen.	Die Stiefel passen.
… nicht.	… passen nicht.	Die Stiefel passen nicht.
… groß.	… zu groß.	Sie sind zu groß.

Situationen

109 c Hören Sie. Lesen Sie. ▶ Sprechen Sie nach.

Das sagt die Verkäuferin.
- Guten Tag.
- Welche Größe?
- Welche Farbe?
- Hier, bitte. Schwarz und Größe L.
- Hier, bitte. Größe M.

Das sage ich.
- Ich brauche eine Jacke.
- Größe L.
- Schwarz, bitte.
- Die Jacke ist zu groß. Ich brauche Größe M.
- Die Jacke passt, danke.

d Sprechen Sie.

Guten Tag.   Ich brauche …

Welche Größe?   …

Es ist heiß. Ich brauche ein Kleid.

9 Wohnen und Hygiene

1 Wohnen

Meine Wörter und Sätze

🎧 110 **a** Hören Sie. Lesen Sie. Zeigen Sie. ▶ Sprechen Sie nach.

1. Stock

Erdgeschoss

Keller

das Zimmer
① das Bett
② der Fernseher
③ der Schrank
④ das Regal
⑤ die Lampe
⑥ das Sofa

die Küche
⑦ der Kühlschrank
⑧ der Herd
⑨ der Tisch
⑩ der Stuhl

das Bad
⑪ die Dusche
⑫ das Waschbecken
⑬ die Toilette

⑭ die Waschmaschine

🎧 111-112 **b** Hören Sie. Lesen Sie. ▶ Sprechen Sie nach.

- ● Wo ist die Waschmaschine, bitte?
- ○ Im Keller.
- ● Danke.

- ● Wo ist die Toilette, bitte?
- ○ Im ersten Stock ist die Toilette für Frauen. Im Erdgeschoss ist die Toilette für Männer.
- ● Vielen Dank.

Übungen

🎧 113 **c** Hören Sie. ▶ Sprechen Sie nach. Klatschen Sie.

Waschmaschine   **Kühl**schrank   Toi**let**te   **Du**sche   **Lam**pe
Fernseher   **Zim**mer   Re**gal**   **So**fa   **Wasch**becken   **Kü**che

Situationen

d Sprechen Sie.

- Wo ist der Herd?
- In der Küche. Die Küche ist im Erdgeschoss.
- Wo ist …?

- Wo ist die Waschmaschine, bitte?

| im Bad |
| im Erdgeschoss |
| im Keller |
| **in der** Küche |

38 achtunddreißig

Wohnen und Hygiene 9

2 Ich brauche …

Meine Wörter und Sätze

🎧 114–115 **a** Hören Sie. Lesen Sie. Zeigen Sie. ▶ Sprechen Sie nach.

Ich habe kein Toilettenpapier.
Ich brauche Toilettenpapier.

✗ kein Shampoo   ✗ keine Seife   ✗ kein Handtuch   ✗ keine Bürste   ✗ keinen Rasierer
✓ Shampoo   ✓ eine Seife   ✓ ein Handtuch   ✓ eine Bürste   ✓ einen Rasierer

✗ keine Zahnpasta   ✗ keine Zahnbürste   ✗ keinen Fön   ✗ keine Creme   ✗ kein Deo
✓ eine Zahnpasta   ✓ eine Zahnbürste   ✓ einen Fön   ✓ eine Creme   ✓ ein Deo

🎧 116–117 **b** Hören Sie. Lesen Sie. ▶ Sprechen Sie nach.

● Ich habe keinen Fön. Ich brauche einen Fön.
○ Hier, bitte.

● Ich habe kein Handtuch. Ich brauche ein Handtuch.
○ Hier, bitte.

Übungen

🎧 118 **c** Hören Sie. ▶ Sprechen Sie nach. Klatschen Sie.

Shampoo   **Sei**fe   **Hand**tuch   **Bür**ste   **Zahn**pasta
Zahnbürste   **Cre**me   Ra**sie**rer   **De**o   Toi**let**tenpapier

Situationen

d Was brauchen Sie? Schreiben Sie. ▶ Sprechen Sie.

Ich brauche ein Deo, Shampoo und eine Creme.

Deo
Shampoo
Creme

9 Wohnen und Hygiene

3 Sauber machen

Meine Wörter und Sätze

a Sehen Sie die Bilder an. ▶ Hören Sie. Lesen Sie. ▶ Sprechen Sie nach.

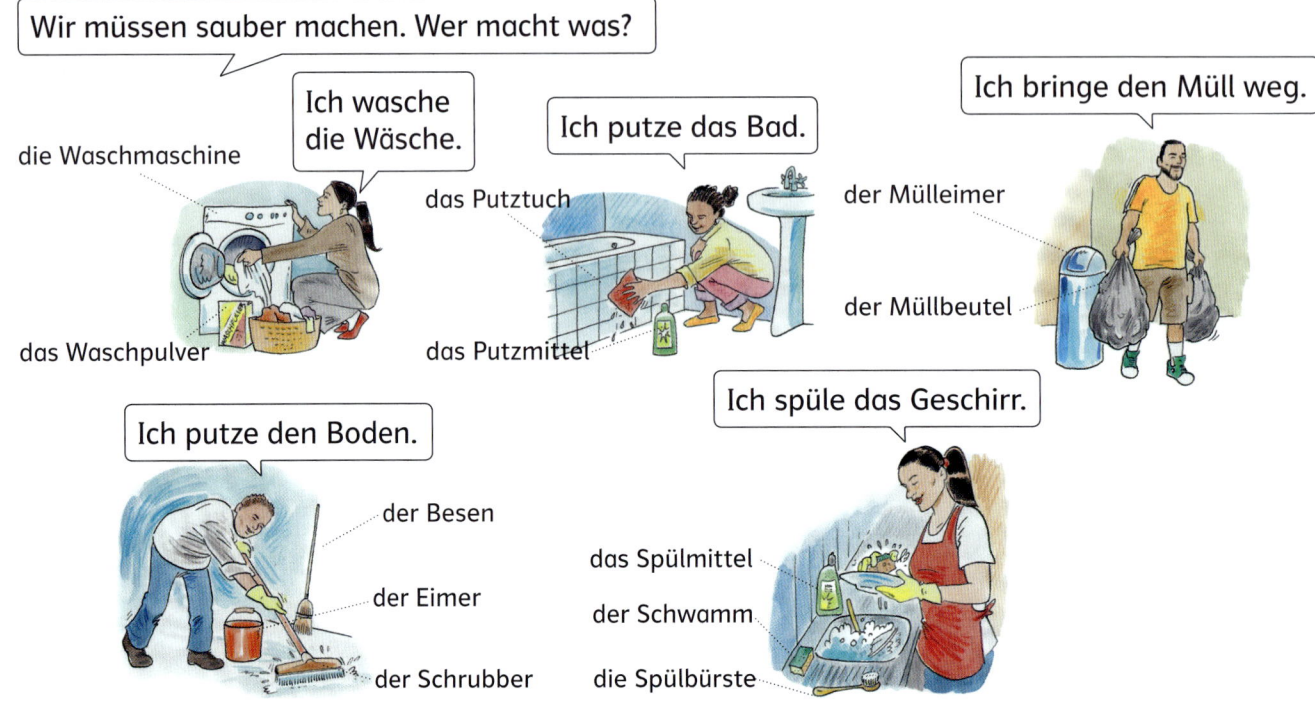

Wir müssen sauber machen. Wer macht was?
- Ich wasche die Wäsche. — die Waschmaschine, das Waschpulver
- Ich putze das Bad. — das Putztuch, das Putzmittel
- Ich bringe den Müll weg. — der Mülleimer, der Müllbeutel
- Ich putze den Boden. — der Besen, der Eimer, der Schrubber
- Ich spüle das Geschirr. — das Spülmittel, der Schwamm, die Spülbürste

Übungen

b Was brauchen Sie? ▶ Schreiben Sie.

Ich putze das Bad.   *das Putzmittel,* _____

Ich bringe den Müll weg.   _____

Ich spüle das Geschirr.   _____

c Was machen Sie? Sprechen Sie.

- Ich putze den Boden.
- Ich putze den Boden. Ich spüle das Geschirr.
- Ich putze den Boden. Ich spüle das Geschirr. Ich …

Situationen

d Sprechen Sie.

Wer macht was? — Ich … — Ich … — Ich …

Wohnen und Hygiene 9

4 Bitte machen Sie die Heizung an.

Meine Wörter und Sätze

a Hören Sie. Lesen Sie. Zeigen Sie. ▸ Sprechen Sie nach.

das Licht   das Fenster   die Tür   die Heizung

Fenster auf und Heizung an? Nein.

warm   kalt   hell   dunkel

b Hören Sie. Lesen Sie. ▸ Sprechen Sie nach.

du

Bitte mach das Licht aus. Es ist hell.
O.k.

Sie

Bitte machen Sie die Tür zu. Es ist kalt.
Ja, gerne.

Bitte mach das Licht an. Es ist dunkel.
Ja, gerne.

Bitte machen Sie das Fenster auf. Es ist warm.
O.k.

Übungen

c Hören Sie. Sprechen Sie nach.

... zu.	... das Fenster zu.	Bitte machen Sie das Fenster zu.
... auf.	... die Tür auf.	Bitte machen Sie die Tür auf.
... an.	... das Licht an.	Bitte mach das Licht an.
... aus.	... die Heizung aus.	Bitte mach die Heizung aus.

Situationen

d Sprechen Sie.

Bitte mach das Fenster auf.

Du: Bitte mach ...
Sie: Bitte mach**en** Sie ...

einundvierzig 41

10 Wir leben zusammen.

1 Können Sie mir helfen?

Meine Wörter und Sätze

126–129 **a** Sehen Sie die Bilder an. ▶ Hören Sie. Lesen Sie. ▶ Sprechen Sie nach.

du

- Kannst du mir helfen?
  Ich habe ein Problem.
- Klar. Was ist das Problem?
- Wie funktioniert die Waschmaschine?

Sie

- Können Sie mir helfen?
  Ich habe ein Problem.
- Ja, gerne. Was ist das Problem?
- Wie funktioniert der Automat?

- Kann ich dir helfen?
- Ja, bitte. Wie schreibt man das?
- So: …

- Kann ich Ihnen helfen?
- Ja, bitte.
- Gerne.
- Vielen Dank!

Übungen

130 **b** Hören Sie. Sprechen Sie nach.

… helfen?	… mir helfen?	Können Sie mir helfen?
… Problem.	… ein Problem.	Ich habe ein Problem.
… Problem?	… das Problem?	Was ist das Problem?
… helfen?	… ich Ihnen helfen?	Kann ich Ihnen helfen?

Situationen

c Sprechen Sie.

du

Kannst du mir helfen? Klar.

…

Sie

Können Sie mir helfen? Ja, gerne.

…

42 zweiundvierzig

Wir leben zusammen. 10

2 Hier darf man …

Meine Wörter und Sätze

a Hören Sie. Lesen Sie. Zeigen Sie. ▶ Sprechen Sie nach.

Hier darf man nicht telefonieren.   Hier darf man nicht rauchen.   Hier darf man nicht essen und trinken.   Hier darf man nicht grillen.   Hier darf man nicht schwimmen.

Hier fahren nur Fahrradfahrer.   Hier fahren nur Autos.   Hier spielen Kinder.   Hier gehen Fußgänger.   Hier ist der Notausgang.

b Hören Sie. Lesen Sie. ▶ Sprechen Sie nach.

- Darf man hier Fahrrad fahren?
- Nein. Hier fahren nur Autos.

- Darf man hier gehen?
- Ja, hier gehen Fußgänger.

- Darf man hier spielen?
- Ja.

Im Café darf man nicht rauchen.

Übungen

c Hören Sie. Sprechen Sie nach.

… telefonieren?	… hier telefonieren?	Darf man hier telefonieren?
… rauchen?	… hier rauchen?	Darf man hier rauchen?
… spielen?	… hier spielen?	Darf man hier spielen?

Situationen

d Sprechen Sie.

Darf man hier …?

…

Darf man hier Fußball spielen?   Ja!

10 Wir leben zusammen.

3 Meine Wünsche und Ziele

Meine Wörter und Sätze

a Sehen Sie die Bilder an. ▶ Hören Sie. Lesen Sie. ▶ Sprechen Sie nach.

Ich möchte …

arbeiten

studieren

Deutsch lernen

zur Schule gehen

Geld verdienen

Freunde finden

Sport machen

ein Auto kaufen

eine Ausbildung machen

den Führerschein machen

eine Wohnung finden

heiraten und Kinder haben

b Hören Sie. Lesen Sie. ▶ Sprechen Sie nach.

du

Was möchtest du machen?

Ich möchte arbeiten und Geld verdienen.

Sie

Was möchten Sie machen?

Ich möchte Deutsch lernen und eine Ausbildung machen.

Wir leben zusammen. 10

Übungen

c Hören Sie. ▶ Sprechen Sie nach. Klatschen Sie

arbeiten   stu**die**ren   **Deutsch** lernen   zur **Schu**le gehen

Geld verdienen   eine **Woh**nung finden   **Freun**de finden

Sport machen   eine **Aus**bildung machen   **hei**raten und **Kin**der haben

ein **Au**to kaufen   den **Füh**rerschein machen

d Schreiben Sie.

1. anasmöchtedenführerscheinmachen

   Anas möchte den Führerschein machen.

2. fatmamöchteenglischlernen

3. thomasmöchtemedizinstudieren

4. mosimöchteeineausbildungmachen

5. zulamöchtevierkinderhaben

Situationen

e Ihr Ziel. Schreiben Sie.

Ich möchte …

ich	möchte
du	möchtest
er, sie	möchte
Sie	möchten

f Sprechen Sie.

Was möchtest du machen?

Ich möchte eine Ausbildung machen.

Halala möchte Deutsch lernen und studieren.

Ich möchte –
I want to have my family here.
Was heißt das auf Deutsch?

Grammatik

Wichtige Verben

	heißen	kommen	sprechen	sein	machen
ich	heiße	komme	spreche	bin	mache
du	heißt	kommst	sprichst	bist	machst
er, es, sie	heißt	kommt	spricht	ist	macht
wir	heißen	kommen	sprechen	sind	machen
ihr	heißt	kommt	sprecht	seid	macht
sie, Sie	heißen	kommen	sprechen	sind	machen

	essen	trinken	geben	kaufen	brauchen
ich	esse	trinke	gebe	kaufe	brauche
du	isst	trinkst	gibst	kaufst	brauchst
er, es, sie	isst	trinkt	gibt	kauft	braucht
wir	essen	trinken	geben	kaufen	brauchen
ihr	esst	trinkt	gibt	kauft	braucht
sie, Sie	essen	trinken	geben	kaufen	brauchen

Artikel

der, ein, mein	Pulli
das, ein, mein	Tuch
die, eine, meine	Jacke
die, –, meine	Socken

Pronomen

ich	mein, meine
du	dein, deine
er	sein, seine
es	sein, seine
sie	ihr, ihre
wir	unser, unsere
ihr	euer, eure
sie	ihr, ihre
Sie	Ihr, Ihre

W-Fragen

Wie heißen Sie?
Wo wohnen Sie?
Woher kommen Sie?
Wie spät ist es?
Wann kommt der Arzt?

Antworten

Ich heiße Mustafa.
Ich wohne in Köln.
Ich komme aus Togo.
Es ist 12 Uhr.
Der Arzt kommt um 13 Uhr.

haben	gehen	nehmen	fahren
habe	gehe	nehme	fahre
hast	gehst	nimmst	fährst
hat	geht	nimmt	fährt
haben	gehen	nehmen	fahren
habt	geht	nehmt	fahrt
haben	gehen	nehmen	fahren

wohnen	können	dürfen	möchten
wohne	kann	darf	möchte
wohnst	kannst	darfst	möchtest
wohnt	kann	darf	möchte
wohnen	können	dürfen	möchten
wohnt	könnt	dürft	möchtet
wohnen	können	dürfen	möchten

Nominativ
Was kostet der/ein Rock?
Was kostet das/ein Tuch?
Was kostet die/eine Jacke?
Was kosten die Socken?

Akkusativ
Ich brauche einen Rock.
Nehmen Sie den Bus.

Wann? / Wo? / Wohin?
Wann? / Wo? / Wohin?
am Montag, Dienstag …
im Januar, Februar …
um 15:00 Uhr

im Keller, im Zentrum
in der Küche

zum Zentrum
zur Schule

Ja/Nein-Fragen | Antworten

Heißen Sie Ahmed Gül?
   Ja.
   Nein, ich heiße Mehmet Gül.

Wohnen Sie in Köln?
   Ja.
   Nein ich wohne in Bonn.

Kommen Sie aus Ghana?
   Ja.
   Nein, ich komme aus Togo.

Von
Susan Kaufmann, Lutz Rohrmann, Annalisa Scarpa-Diewald

Projektleitung: Sabine Hoppe
Umschlagsgestaltung: Studio Schübel, München
Coverfoto: © Shutterstock, leungchopan, Kamira, Jasminko Ibrakovic und Monkey Business Images
Illustrationen: Nikola Lainović

Für die Audios:
Tonstudio: Plan 1, München
Aufnahme, Schnitt, Mischung: Christoph Tampe
Sprecher und Sprecherinnen: Peter Veit, Vanessa Jeker, Ulrike Arnold, Sabine Hoppe, Teresa Immler, Florian Marano, Katharina Pretscher, Annalisa Scarpa-Diewald, Helge Sturmfels

Verlag und Autoren danken den zahlreichen Helferkreisen und ehrenamtlichen Sprachbegleitern aus Alfhausen, Erding, Frankfurt, Frohnhausen, Hamburg, Mainz, Mannheim, München, Neufahrn, Seehausen, Stuttgart, Tauberbischofsheim, Wiesbaden und Zorneding, die uns kostbare Anregungen geliefert haben und die Entstehung dieses Heftes beratend begleitet haben.

Quellen:
alle Fotos von links nach rechts und von oben nach unten
S. 7: Shutterstock: Skylines, Feliks Gurevich, Tatiana Popova, Lipskiy, Crepesoles, Phonlamai Photo, ILYA AKINSHIN, Maksim Kabakou | S. 8: Fotolia.com: kartoxjm | S. 11: Shutterstock: sylv1rob1 | S. 15: Shutterstock: Minerva Studio, Axel Bueckert, SpeedKingz | S. 20: Shutterstock: Karramba Production, gresei, Africa Studio, AlinaMD, Gtranquillity, Yuri Samsonov, Mariusz Szczygiel, Preto Perola, Lukas Gojda, Everything, kuvona, ArtHeart, All kind of people, Chirtsova Natalia, Tobik | S. 21: Shutterstock: bergamont, Maks Narodenko, Valentyn Volkov, Tim UR, Nattika, Timmary, Sarah Marchant, SOMMAI, Dmitry Kovtun, CHANG JO-YI, bikeriderlondon | S. 22: Shutterstock: Veronika Synenko, Deep OV, Somchai Som, oriori, Nattika, monticello, schubbel, Anatoly Tiplyashin, Andrey_Kuzmin, Florin Burlan, Garsya, Hurst Photo, Hurst Photo, Potapenko Ivan, Svetlana Kuznetsova; Lutz Rohrmann | S. 26: Thinkstock: feedough; Shutterstock: wavebreakmedia | S. 27: Shutterstock: Deyan Georgiev, wavebreakmedia, Deyan Georgiev, Alexander Raths | S. 28: Shutterstock: konzeptm, 5 second Studio, Studio 52, Pandorabox, pathdoc, fakezzz, liza54500, pathdoc, Zerbor, Thomas Ramsauer, kuvona, Monkey Business Images | S. 29: Shutterstock: Jiri Hera, ajt, exopixel, Evgeny Tomeev, FabrikaSimf, Blend Images; Wikimedia Commons (https://commons.wikimedia.org/wiki/File:Kassenrezept_Muster_2008.svg) | S. 30: Shutterstock: Lyudmyla Kharlamova; Annalisa Scarpa-Diewald | S. 31: Shutterstock: Monkey Business Images, Jeanne Hatch, www.BillionPhotos.com, wavebreakmedia | S. 32: Shutterstock: iko, Andresr, grafvision, Kenneth Man, pathdoc | S. 33: Shutterstock: Rawpixel.com | S. 35: Shutterstock: Tarzhanova, 5, Karkas, Adisa, windu, Tarzhanova, TerraceStudio, photolinc, Supertrooper, Karkas, elenovsky, windu | S. 36: Shutterstock: Karkas, Gemenacom, elenovsky, Tarzhanova, Polryaz, NDT, yakthai, Elnur, Polryaz, mingman | S. 39: Shutterstock: Andrew Burgess, lukethelake, Petr Malyshev, pbombaert, Coprid, Coprid, Roman Pelesh, wiedzma, antpkr, holligan78, AlenKadr, Yanas | S. 43: Shutterstock: nikolae, fishvector, Walther S, Park Ji Sun, PROSTOR, SchottiU, JiSign; Fotolia.com: phokrates; Shutterstock: SchottiU, Stefanina Hill | S. 44: Shutterstock: Iakov Filimonov, Matej Kastelic, Areipa.lt; Fotolia.com: photoplus07; Shutterstock: Phovoir, Monkey Business Images, Twin Sails, LuckyImages, Monkey Business Images, Michal Kalasek, India Picture, wavebreakmedia.

Besuchen Sie uns auch im Internet: www.klett-sprachen.de/bitte-einsteigen

1. Auflage 1⁴ ³ ² ¹ | 2019 18 17 16

© 2016 Klett-Langenscheidt GmbH, München

Das Werk und seine Teile sind urheberrechtlich geschützt. Jede Verwertung in anderen als den gesetzlich zugelassenen Fällen bedarf deshalb der vorherigen schriftlichen Einwilligung des Verlags.

Satz und Repro: Franzis print & media GmbH, München
Druck und Bindung: Print Consult GmbH, München

ISBN 978-3-12-607005-8

MIX
Papier aus verantwortungsvollen Quellen
FSC® C084279